CHAPEUZINHO VERMELHO

CLÁSSICOS ILUSTRADOS
Mauricio de Sousa

CHAPEUZINHO VERMELHO ERA UMA BOA MENINA, QUE VIVIA NUMA PEQUENA VILA PERTO DA FLORESTA. ELA RECEBEU ESSE APELIDO PORQUE USAVA SEMPRE UM CAPUZ DE VELUDO VERMELHO QUE SUA AVÓ LHE DEU DE PRESENTE.

A MÃE DE CHAPEUZINHO PREPAROU UNS BOLINHOS E PEDIU QUE ELA OS LEVASSE PARA SUA AVÓ, QUE ESTAVA DOENTE. PARA CHEGAR LÁ, ERA PRECISO ATRAVESSAR A FLORESTA.

O LOBO MAU, LOGO QUE VIU CHAPEUZINHO, QUIS PEGÁ-LA, MAS NÃO PÔDE FAZER NADA NAQUELE MOMENTO, POIS ALGUNS LENHADORES TRABALHAVAM ALI POR PERTO.

O LOBO MAU PERGUNTOU PARA ONDE CHAPEUZINHO VERMELHO ESTAVA INDO E SOUBE QUE IA À CASA DA VOVÓ. ENTÃO, ELE A DESAFIOU PRA VER QUEM CHEGARIA PRIMEIRO.

O LOBO SAIU CORRENDO PELO CAMINHO MAIS CURTO, ENQUANTO CHAPEUZINHO VERMELHO, SEM DESCONFIAR DE NADA, SEGUIA PELO CAMINHO MAIS LONGO,

DISTRAINDO-SE COM AMORAS, CORRENDO ATRÁS DE BORBOLETAS E COLHENDO ALGUMAS FLORZINHAS.

O LOBO NÃO LEVOU MUITO TEMPO PARA CHEGAR NA CASA DA AVÓ. ELE BATEU NA PORTA E, DISFARÇANDO A VOZ, FOI LOGO DIZENDO QUE ERA A SUA NETA.

QUANDO A POBRE VELHINHA ABRIU A PORTA, O LOBO MAU RAPIDAMENTE A AGARROU, JOGOU DENTRO DO GUARDA-ROUPA E TRANCOU A PORTA.

O LOBO, ENTÃO, VESTIU A TOUCA DA VOVÓ E SE DEITOU NA CAMA DELA, ESPERANDO PELA MENINA.

ALGUM TEMPO DEPOIS, CHAPEUZINHO VERMELHO CHEGOU.

QUANDO COMEÇOU A CONVERSAR COM A VOVOZINHA, ESTRANHOU AQUELA VOZ GROSSA. MAS PENSOU QUE, TALVEZ, ELA ESTIVESSE ROUCA.

AO OLHAR DIREITO PARA O LOBO MAU, RESOLVEU PERGUNTAR:

– NOSSA, VOVÓ! PARA QUE ESSAS ORELHAS TÃO GRANDES?

– SÃO PARA OUVIR VOCÊ MELHOR, MINHA NETINHA – RESPONDEU O LOBO.

– E ESSES OLHOS TÃO GRANDES, VOVOZINHA?

— SÃO PARA VER VOCÊ MELHOR, QUERIDINHA.
— E PRA QUE ESSA BOCA TÃO GRANDE?
O LOBO NÃO AGUENTOU MAIS E PULOU PRA CIMA DA MENINA, GRITANDO:
— É PARA COMER VOCÊ! AH, AH, AH...

CHAPEUZINHO VERMELHO SAIU CORRENDO PELA CASA. ENTÃO, UM JOVEM CAÇADOR QUE OUVIU SEUS GRITOS CORREU PARA AJUDÁ-LA. ASSUSTADO COM O BRAVO RAPAZ, O LOBO

MAU PULOU PELA JANELA E SUMIU NO MEIO DA FLORESTA.

CHAPEUZINHO VERMELHO E SUA AVÓ, SALVAS E FELIZES DA VIDA, CONVIDARAM O JOVEM CAÇADOR PARA TOMAR CHÁ. AFINAL, DEPOIS DE TANTOS APUROS, NADA MELHOR DO QUE UM LANCHINHO!